ÉPITRE

AUX FRANÇAIS.

(Par le prince Alexandre Belosselsky, d'après Barbier)

1802.

ÉPITRE AUX FRANÇAIS.

Tigres en liberté, sublimes fous, grands hommes,
Je vous récris : enfin nous sommes de niveau.
Eh! mais aussi pourquoi dans le temps où nous sommes
Oter aux préjugés leur charme et leur bandeau?

Robespierre, entre nous, fit un coup de magie
En faisant remonter le grand tout dans les cieux;
L'adresse du maraud approchait du génie,
Malgré tout ce qu'en dit, je crois, la pauvre envie,
Ou ces fiers citoyens, ces orateurs fougueux,
A sa voix, c'est-à-dire, à la mort si dociles,
N'étaient qu'un vil troupeau de lâches, d'imbéciles:
L'arrêt serait trop fort pour les plus ennuyeux.

— Je ne dis pas ceci pour Philippe le preux,
Ses proches, ses amis, sa cour sans-culotine;

Mais ne remuons pas la sainte guillotine,
Et causons un moment sur le beau temps qu'il fait.
Dites quel sort propice à la fin vous remet
Au point où vous étiez sur la double colline?

Vous revenez de loin, braves convalescens.
Mais aussi quels honneurs sont dus à votre gloire!
Quel spectacle inoui de vertus, de talens!
Ces Grecs à bouches d'or, ces Romains triomphans,
Ces Slaves généreux, pilliers de notre histoire,
Que pour trouver il faut parcourir tous les temps,
Je les vois, parmi vous, renaître de leur cendre,
Surpris d'être pressés, étonnés de s'entendre.

Le charme est découvert: BONAPARTE vainqueur,
Dans le cœur des Français a répandu son cœur.
Et leur gloire expansive, également profonde,
En dépit de l'Anglais, est l'entretien du monde.

Fort bien! mais jusqu'à quand, comptez-vous d'abuser
De notre patience à lire la gazette?

Cet Anglais n'a donc pas voulu de sa défaite . . . .
Oh! tout ce tintamare a bien fait de cesser.

Sɪ le limon du Nil eût été la conquête
De gentil Rᴏʙᴇsᴘɪᴇʀʀᴇ, il eût trouvé moyen
D'en faire un bon extrait de peste au brandevin,
Et le servir tout chaud dans le ponche à l'anglaise.

Mᴀɪs aujourd'hui que tout, jusqu'à l'art assassin,
Prend un air plus ouvert, un aspect plus humain,
J'approuve assez la paix, à l'angl'-austro.-française,
Que vous avez signée avec le fier voisin:
Tout le monde est content, et le diable est bien aise.

Rɪᴇɴ n'est plus indiscret que la mauvaise humeur:
Vous avez cru paver la mer de l'Angleterre,
Et ses flots écumans ont soulevé la pierre.
Pɪᴛᴛ a cru vous ranger, et se mordit le cœur.

Amᴜsᴇz-ᴠoᴜs ailleurs, mes bons amis de France.
L'Allemagne vous offre assez de complaisance.

Le Suisse, au lieu de fleurs, met ses rocs sous vos pas,

Et l'Italie a l'air de bénir votre bras.

Au défaut de la foi, passez-lui l'espérance

D'être quitte à la fin de votre bienveillance,

Car toujours le présent pèse aux nerfs délicats.

Nous sommes toujours mieux où nous ne sommes pas.

Pour le sage Batave, admirons sa prudence.

Il connaît tout le poids de la reconnaissance.

Pour prix de sa couronne et l'art de se groupper,

Ce n'est pas trop sans doute à sa haute puissance

De se laisser raser avec intelligence:

Ma foi! s'il remuait il se ferait couper.

Je vois avec plaisir que le bien bon Ibère

A l'ombre de vos loix paisiblement digère,

Et que le Portugais ne veut plus s'atrouper,

Et savoure, à longs traits, la paix du cimetière.

La paix du bon Daunois tient au vieux préjugé:

Il faut se battre à mort, a-t-il dit à l'Europe,

Avant que de souffrir d'en être protégé.
Je me soumets à tout, lui répond PARTHÉNOPE,
Et ce tendre propos va bien à la beauté.

MAIS entre eux, dans le fond, la route est difficile,
La route entre la gloire et la sécurité.
Pour la trouver, peut-être, il faut suivre le style
Du diplomate adroit qui rédige à Berlin :
C'est là que, sans effort, on fait tout et tout bien.

EN m'égarant ainsi je touche à la Russie.
Quel vaste livre ouvert à la philosophie !
Par tout je vois fleurir le plus noble laurier,
Mais qu'allait-elle faire en Gueldre, en Helvétie ?

PEUT-ÊTRE qu'avec moi plaignant ce feu guerrier,
Vous me demanderez quel était PAUL Premier.
Tous en parlent; mais peu l'ont appris à connaître,
C'est avec tout l'esprit, avec le germe entier
De toutes les vertus que le ciel le fit naître.
La justice, la foi, la générosité,

De son cœur embrasé tourmentaient la jeunesse;
Mais sans doute trop tard sur le trône monté,
Les yeux ceints du bandeau de l'âpre autorité,
Il a rompu, brisé le frein de la sagesse.

COMMENT en fer, en plomb l'or pur s'est-il changé?
Le direz-vous, peut-être, à mon cœur affligé;
Je ne le sais que trop: fidèle à sa mémoire,
J'oserai quelque jour en buriner l'histoire.

D'AUTRES faisaient le mal, il a mal fait le bien.
Et d'autres avant lui faisaient semblant de croire,
Qu'ils forment seuls l'état, que le peuple n'est rien;
Que la société, que toutes ses parties
Ne doivent se lier que pour porter leurs fers,
Et servir à genoux leurs vastes fantaisies.

O vers rongeurs du trône, ô courtisans pervers!
Voyez le digne fruit de toutes vos bassesses,
Et jusqu'où vous avez corrompu ses faiblesses.

SON

Son cœur était né fier: vous l'avez créé ,dieu,
Et des traits de la foudre il ne se fit qu'un jeu.
Il aimait à donner, et vos ames sordides
Dépouillaient à l'envi ses trésors homicides,
Homicides d'un peuple ardent à s'épuiser;
Monstres, était-ce à vous à ne pas le pleurer!

Quelle leçon pour ceux qui dédaignent d'apprendre
Que c'est à la loi seule à fonder leur pouvoir,
Qu'aimer est leur bonheur, être aimé leur devoir.

Ah! qu'il reçoive ici l'hommage le plus tendre,
Ce nouvel oint du ciel, ce beau jeune Alexandre,
Dont le cœur a juré de mériter l'amour
D'un peuple bon, soumis, généreux à son tour.

Qu'il venge avec éclat l'innocence opprimée;
Qu'il tende à la justice une main toute armée,
Qu'il ramène le jour dans ce dédale affreux,
Cette jurisprudence à formes arbitraires

Où la loi se replie en serpent tortueux,

Et ne répond jamais qu'à la voix des salaires.

Que ses yeux courroucés repoussent le flatteur,

Le délateur hideux, l'insensé débiteur;

Qu'il invite les bons à la faveur des places;

Que dans la paix du peuple il maintienne son cœur;

Que dans tous ses décrets il sacrifie aux graces;

Qu'il fasse respecter Dieu, les dames, l'honneur,

Et ses jours couleront comme la voie-lactée

Dans le vague des cieux doucement agitée;

Et le tendre sommeil, l'approchant pas-à-pas,

Répandra mollement sur ses yeux délicats

Un baume de pavôts, d'olive et de rosée;

Et souvent même un songe onduleux, pleins d'appas,

Viendra continuer les soins de son empire;

Et porter à son cœur, qui de bonheur soupire,

Le parfum le plus pur des plaisirs éternels

Que Dieu, dans ses rayons, réserve aux immortels.

Mais que fais-je? où m'emporte un si touchant délire,

Pardon, mes chers Français, d'avoir été distrait,
D'avoir troublé la cour que mon esprit vous fait.
L'excuse est dans le cœur. J'ai l'humeur ingénue
De ce bon saint Louis, marchant vers les saints lieux,
Qui se retourne encor, jette d'humides yeux
Sur le toît paternel dont la crête pointue
Se prolonge en fuyant et se perd dans la nue.

Mais ne voilà-t-il pas une seconde fois
Le cas de faire amende à votre politesse?
Ce brave chevalier était un de vos rois . . . .
Et la comparaison manque au moins de finesse.
Vous ne les aimez pas; vous avez vos raisons,
Mais permettez qu'ailleurs on les trouve assez bons.
Décidez pour vous seuls entre les autocrates
Et les princes mêlés qu'on nomme démocrates.
Pour moi, je vois par-tout la fraude, la fureur,
Et le parti qui prône est sans doute un menteur.

Vous avez tant prôné votre goût monarchique,
Et puis votre anarchie, et puis vos cinq, vos trois,

Tous les groupes mouvaus de vôtre état magique,

Qu'il faudrait être un Dieu pour faire un juste choix:

D'autant plus que d'après vos portraits d'autrefois,

Le despote se dit le maître du tonnère,

Et n'est qu'un vieil enfant malin et volontaire

Qui grimpe sur le trône et se plaît à briser

Les pantins de sa cour heureux de l'amuser.

L'ARISTOCRATE altier qui répugne à l'idole

Et se mire tout seul dans les eaux du Pactole,

N'y voit qu'un beau bouquet d'arbres majestueux

Qui s'élancent ensemble à la voûte des cieux,

Et de l'ordre éternel répètent l'harmonie.

Les cieux reconnaissans de ses efforts heureux,

D'un torrent de lumière inondent son génie,

Tandis qu'un peuple immense à l'ame assujetie,

Végète au loin dans l'ombre où l'ont caché les Dieux....

Cela ne fait pas mal . . . . . je dis en poësie.

POUR le démocratisme, autocrate à son tour,

Qui tient à tous les vents ses séances bruyantes,

Enduit toujours de fiel ses bouches éloquentes,

Il se croit au banquet où les Dieux tout autour,

Colorant de nectar leurs santés rayonnantes,

S'enivrent de plaisir et de gloire et d'amour;

Et, dans le fond, ce n'est qu'un risible mélange

D'hydropiques froissés et couronnés de fange.

Je ne dis pas ceci pour les Mestres-du-Bourg.

REMARQUEZ cependant comme à ce sujet l'homme

Met en pièces les Dieux qu'au fond il n'a pas faits.

Tout ce qui sort des mains de ce plaisant atôme,

Politique, calcul, guerre, amours, vers, sonnets,

Tout lui vient de là-haut, tout est divin en somme.

Je ne sais de divin que l'amour de la paix,

Et de gai que les droits, en un tout joli tôme,

Révélés par l'abbé ci-devant un grand homme,

Qui nous a dit cent fois: les hommes sont égaux,

Tous ont le même droit aux terres labourées,

Aux talens de LEBRUN, à l'art de vos lycées,

Au pouvoir de la force et des destins nouveaux.

Barras dans un char d'or, à cinq brillantes glaces,
Allant, au rang des Dieux, souper avec les graces
Et le sot, sur le bouc, fessant ses beaux chevaux
Sont du même génie et de la même audace.

Grimm sur les bords du Styx, écrivant sans plaisir,
Et Laharpe, enseignant au sommet du Parnasse,
Verront des mêmes yeux les siècles à venir,
Naître de l'éternel . . . . et rouler . . . . . et mourir.

Ma foi, mes chers amis, je quitte le portique
Où l'abbé tient son lit et promulgue ses loix.
Je m'en tiens au bon-sens en fait de politique,
En fait de ce grand art, vénérable autrefois,
Devenu si banal, aujourd'hui si comique.

Figurez-vous un monstre immense et desséché,
Vomi des flots amers qui séparent les mondes,
Et portant jusqu'au ciel de leurs grottes profondes
Un front énorme et fier sur un corps déhanché.

De foudres menaçans sa main droite est armée;
L'autre tient le rouleau vermoulu de la loi,
Et la plume stylée à la mauvaise foi,
Et du commerce ami la balance alarmée.

Jadis son œil perçant ramenait tout à lui,
Mais la paix, l'équilibre et l'attente publique
Réglaient ses intérêts, lui servaient seuls d'appui.
Le hazard à présent guide sa marche oblique.
De faux éclats de rire annoncent le malin,
Et, sensible à l'excès, un mot, un geste, un rien,
Tout lui donne la rage ou la terreur panique.
Son port ne dément pas son cœur dissimulé,
Il sourit quand il tremble, il mord quand il caresse;
Il fronce le soucil, et la mort à volé,
Et la terre a couvert la fleur de la jeunesse.

Mais méthodique et froid dans son emportement
Il fulmine en secret, calcule en égorgeant,
Pèse le sang humain au taux des marchandises,
Venge les trahisons que ses mains ont commises.

C'est lui, n'en doutez pas, c'est ce malin serpent
Qui séduisit enfin LOUIS-LE-BIEN-VOULANT,
Et mena si grand train la bande aimable et leste
De ces preux émigrés que l'honneur seul atteste,
De ces cœurs trop ardens, de ces amans jaloux
Qui ne peuvent plus vivre avec vous ni sans vous.

C'est lui qui sur le ton pris des fureurs d'ORESTE
Aux campagnes du Rhin dicta ce manifeste
Qui loin d'intimider vos ligueurs chancelans,
Confondit, indigna jusqu'aux indifférens,
Et du patriotisme a soulevé le reste.

Eh! que peut contre un peuple impatient du frein
L'ire de tous les rois et leurs bouches d'airain?
Quand le feu prend au cœur, que l'intérêt l'attise,
Le secret de l'état commande la franchise:
Laissez agir le peuple ou l'écrasez soudain.
Le milieu n'appartient qu'aux intrigues sinistres,
Qu'aux croisés fanfarons, qu'aux ineptes ministres,
Qu'à ceux qui savent tout et ne possèdent rien.

Au

Au bruit impétueux de votre impatience,
Quand le desordre même enflamma l'éloquence,
Croiriez-vous, mes amis, qu'à vous nuire obstinés,
Pas une Majesté, pas la moindre Excellence,
Hors l'heureux Berensdorff, ne vous a devinés?

Pour avoir pénétré l'an deux à sa naissance
Une bonne disgrace a fait ma récompense.
Notre Sémiramis, avec son bon plaisir,
Aimait assez la taupe en pareille occurrence,
Et tout linx qu'elle était, elle eut un long dormir:
D'ailleurs, de Jacobins oser l'entretenir,
(Vous ne vous doutez plus de cette différence)
C'était servir l'état et non pas la servir.

Frédéric n'était plus, Kaunitz n'était plus guère,
Et l'Europe surprise, et ne sachant que faire,
Se mit à se vanter, et finit par rougir.

Le bon Victor-Amé, couché sur la barrière

Que j'aidais à pousser dans la grande carrière,
Attendait qu'un Cosaque advint le secourir.
Il est enfin venu, plein d'ardeur téméraire;
Sous le nom d'Italique il défia l'honneur,
Et couronna sa gloire en battant le batteur.

Mais à quoi nous servit tout le feu du tonnère?
Je le demande à Pitt, à son vrai commettant.
Par un arrêt du sort de l'Autriche-Angleterre,
Il franchit, en deux pas, l'Achéron du Mont-Blanc,
Et se trouve surpris d'un repos accablant.

On eût dit que le ciel, filant vos destinées,
Lança l'esprit de trouble au cœur de tous les rois,
Et de paralysie atteignit leurs guinées.

Quel train! quel bruit confus de différentes voix!
Quel tapage inouï de marches combinées!
Que de combats heureux où nul ne fait la loi,
Et de triomphes même, on ne sait pas pourquoi!

MAIS parmi ce tracas d'inutile courage,
Ceux dont le peu d'ensemble amusa davantage,
Ce fut vous, braves gens, villes, princes, prélats,
Dont le vieux vin de Rhin arrose les états.

L'ABBÉ des Fuldéens n'est-il pas homme et prince?
Il aime aussi la gloire, et sort de sa province,
Quand il entend crier au Germain alarmé:
" *Aux armes! l'ennemi menace notre Empire:*
" *ARMINIUS n'est plus; mais nous avons l'abbé.* "

ALORS, donnant l'essor à son noble délire,
Il met au pas de charge un triple contingent,
Surmonté d'un gros fiffre et d'un tambour battant.
Il marche, et son drapeau flotte au gré du zéphire,
Et l'écho répond seul, avec un doux sourire,
Au son brusque et brisé de son commandement:
Il marche, et chaque pas augmente son empire.

CALOTE sur l'oreille, et longue épée au flanc,
On dirait à son œil, à sa pipe, à son ire,

Qu'il a voté la mort de tout ce qui respire,
De tout ce qui s'oppose à l'ordre . . . . . qu'il entend:
Il marche, et s'entretient de la peur qu'il inspire.

Mais comme ses rivaux dont les petits ressorts
Composent à l'envi le germanique corps,
Il se flatte pourtant que l'ange qui le garde,
Pare souvent les traits échappés par mégarde,
Échappés de la main de Jupiter-Moreau;
Et puis il réfléchit, dans sa prudente angoisse,
Que trop d'orgueil pourrait lui creuser un tombeau,
Halte, il serre les rangs, met la caisse en bureau:
Il fait sa paix mignone et rejoint sa paroisse.

Moins fier et moins pensif parut au Rubicon
Celui qui des Romains ne laissa que le nom.
Il s'étonne à l'aspect du démon qui l'obsède.
Tantôt il lui résiste et tantôt il lui cède,
Son œil, étincellant dans l'ombre du trépas,
Trouve à la fin la gloire où la vertu n'est pas.

Hélas! dans cette vie où tout souffre et qu'on aime,
Est-ce le mal d'autrui qui fait le bien suprême?
Et ce César si grand, si preux, si plein d'appas,
N'aurait-il pas mieux fait de tourner sur ses pas,
Et semblable à l'abbé de se vaincre lui-même,
Et de rendre à Cérès de paisibles soldats?

J'ignore si la paix du héros séraphique
Tourna seule au profit de votre république.
L'hymne des Marseillais y fit peut-être autant.
Mais depuis ce jour-là votre palme publique
Ne fit que s'élever, croître en s'embellissant;
Et porter jusqu'aux cieux son ombrage emphatique.

Français! mes chers Français, avec ce ton caustique
Qu'en Champagne, à Gémape un démon vous donna,
Cet hymne, ces abbés, ce brutal *ça-ira*,
Vis-à-vis tout le monde également superbe,
Ne ressemblez-vous pas à la mort de Malherbe:
" Le pauvre en sa cabane, où le . . . . . *et cétéra.*

Aʜ! vous avez beau faire, enchanteurs que vous êtes,
Vous avez beau changer de ton, de mœurs, de loix,
Je vous aime toujours, toujours comme autrefois.
Vous savez toujours plaire et chanter vos conquêtes.
Que dis-je? eh quoi! jamais dans vos plus beaux exploits,
Un aussi verd laurier couronna-t-il vos têtes?

Citer Nᴀᴘᴏʟᴇᴏɴ, vainqueur de tous les tems,
L'ame, l'œil et le bras d'un peuple de géans;
Le sage qui le suit au temple de mémoire;
Celui qui l'interprête aux rois priés de croire;
Celui qui sut greffer sur des lauriers sanglans
L'olive de la paix aux rives de la Loire;
Celui qui met un frein à ses propres talens,
Étant fils de la paix, père de la victoire;
Celui qui dans le feu ne veut plus ressembler,
Qui joue avec la mort, charme jusqu'à la gloire:
C'est chercher sur l'olympe à qui les comparer.

Mᴏᴍᴜs est aussi Dieu; qu'en pensez-vous, mes sages?
En trouverai-je aussi les vivantes images,

Les beaux pantins dansans, chantans, politiquans?
Ah! oui, vous n'avez pas cessé d'être charmans.

Duroc m'a confirmé ce que j'en osai croire.
Il a percé l'Égypte, il s'est couvert de gloire.
Eut-il osé vous peindre en demi transparent?
De roses sans épines il orne la victoire.
Il est jeune et Français; il aime, et c'est plaisant,
J'ignore jusqu'au nom de ses belles maîtresses.
Est-ce donc là le ton du Paris d'à présent?
La constance entre-t-elle au cœur de vos déesses?
Vos esprits facetés et taillés en brillans,
N'ont-ils pour se fonder que le très-gros bon sens?

Hélas! je ris des frais de ma bêtise agreste.
Le cedre que l'on tourne en colonnes, en dieux,
Perd son ombrage frais et fend de nouveaux cieux;
Mais en est-il moins cedre, et son odeur lui reste.

Adieu, je finis, je . . . . . je me pends à vos cous;
Je sens que je suis né pour causer avec vous.

Mais je ne sais quel Dieu m'avertit du silence,
Et lorsqu'on a tout dit, il est bon qu'on y pense.
Adieu, mes bons, mes chers, réponse s'il vous plaît:
Mon adresse en Europe est *au frère cadet.*

NOTE PREMIERE.

" Ces Slaves généreux, piliers de notre histoire. "

Les Slaves ne sont autre chose que les Sarmates, les Paphlagons, les Médéens, les Amazones de l'histoire ancienne grecque.

Cette nation, la plus belliqueuse qui fut jamais, a passé, à plusieurs reprises, d'Asie dans le midi et le nord de l'Europe. La Russie, la Pologne, la Bohème, la Silésie, la Lusace, la Poméranie, la Servie, la Bulgarie, les Horvates, la Macédoine, la Dalmatie, l'Albanie, l'Illyrie, les Vendes, les Vénètes, fondateurs de Venise, etc., en sont des preuves ostensibles.

Tant de conquêtes prodigieuses et toujours solides, enflèrent l'orgueil du peuple Sarmate au point qu'il n'a plus voulu d'autre nom dans le Nord que celui de *Slave, Slavon, Slaviane* qui veut dire *glorieux*, du mot *Slava, gloire.*

Rien n'est beau comme les noms de plusieurs de leurs princes dont la terminaison est en *gloire.* Il semble qu'ils n'en donnaient d'aussi flatteurs à leurs enfans, qu'afin de les engager de bonne heure à passer leur vie à les mériter. En voici quelques-uns.

SVIATO-SLAVE, qui veut dire *sainte-gloire*, grand duc de Russie à la moitié du dixième siècle, était le petit-fils de RURIC, fondateur de la monarchie russe, et le plus fougueux héros de sa race. Il faut que dans ces siècles on ait regardé les brutalités de la guerre comme de saintes actions, ce qui rappelle cri du cœur d'un général français de notre tems : *l'insurrection est le plus saint des devoirs.*

YARO-SLAVE, son petit-fils, dont le nom signifie *ardente-gloire*, rival heureux de BOLÉ-SLAVE, roi de Pologne, et dont le nom veut dire *surabondante-gloire*, était le premier légis-lateur de la Russie, le premier ami des lettres, et même de la paix; le restaurateur des privilèges de la république de *Novgorod*, asservie par son trisayeul, et dont il n'a conservé que la primatie; le vainqueur de son frère MSTI-SLAVE, ou *venge-gloire*, qui lui disputait injustement le trône de Kiow, et le plus grand homme de notre histoire politique avant PIERRE I.

Sa femme, fille d'un roi de Suède, avait un nom barbare, celui d'INGUERGUERDA; sa belle-fille, princesse anglaise, s'appelait HÉRALDA. Ses contemporains étaient des ROGHWOLD, des HENRICH, des HOUHON, des LUDVICH, des RU-DOLFF, des AHEMUNDA, des MÉHÉTILDE, etc.; mais ses filles portaient des noms grecs. ELISABETH fut mariée à HARALD, roi de Norvège et de Suède; NASTHAZIE à ANDRÉ I, roi de Hongrie; ANNA ou AGNÈS, à HENRI I, roi de France. Sa petite-fille mariée en Pologne, se nommait VIACCÉ-SLAVA (prononcez le c à l'italienne) qui veut dire *meilleure-gloire*, ce qui fait un nom très-galant et marque la préférence de la victoire des graces sur celle des armes.

Il n'est pas inutile de remarquer ici que la famille de YARO-SLAVE, ou *ardente-gloire*, que VOLTAIRE appele *Duc inconnu d'une Russie ignorée*, régnait à-la-fois sur cinq ou six trônes de l'Europe. Voyez le judicieux LEVESQUE; son fils s'appelait IZA-SLAVE ou *élégante-gloire.*

« Sa petite-fille, née en Hongrie, épousa le roi de Bohême nommé VRATI-SLAVE ou *roulez-gloire*. Plusieurs de ses descendans s'appelaient ROSTI-SLAVE, ou *croissez-gloire*; VICHÉ-SLAVE, ou *plus-haute-gloire*; GORI-SLAVE, ou *brûlez-gloire*. C'est vraiment de l'Iliade.

Le dernier duc de Poméranie, mort sans postérité pendant la guerre de trente ans, s'appelait BOGI-SLAVE XIV, qui signifie *gloire-de-Dieu*. Quatorze souverains, méritant successivment le titre de *gloire-de-Dieu*, doivent avoir fait un *Éden* de leur pays. Leur histoire manque; mais l'histoire du globe a recueilli avec soin les actions des SÉSOSTRIS, des ALEXANDRE et d'une infinité de leurs disciples. Il y a apparence que si les Slavons avaient eu l'honneur d'être leurs sujets, ils n'auraient pas manqué de les nommer, au rebours, TCHERTO-SLAVE, ou *gloire-du-diable*.

Les femmes slavonnes avaient aussi des noms analogues et qui prouvent bien que l'ancien esprit de chevalerie en France et en Angleterre venait du Nord et descendait sur-tout des Slaves. Quand une fille venait la première, elle s'appelait ordinairement : PRED-SLAVA, *avant-gloire*; celle qui suivait les frères se nommait VERHO-SLAVA, ou *cime-gloire*. Celle qui présageait en naissant de l'esprit et de la beauté, avait le nom de GRÉMI-SLAVA, ou *éclatez-gloire*, ou bien MILA-SLAVA, *charmante-gloire*, ou bien BRIACCI-SLAVA (prononcez le c à l'italienne) qui veut dire *sonnez-gloire*, ou bien MECCI-SLAVA, *dardez-gloire*.

Le nom du dernier roi de Pologne STANI-SLAVE, ou STA-

NISLAS par corruption, signifie *halte gloire.* Mais c'est bien là le moment de se souvenir du mot de SALOMON: *la figure de ce monde passe, et tout n'est que vanité.* Le bien qu'il a pu faire à son malheureux pays fait seul une exception.

NOTE SECONDE.

"Hors l'heureux BERENSDORFF ne vous ont devinés."

LE comte ANDRÉ BERENSDORFF, principal ministre de Dannemarc, d'une maison très-ancienne, et pleine de gens de mérite, fut le seul en Europe qui ne se méprit point à la révolution française, et qui ne la traita point de révolte en 1790.

On peut le surnommer le tacticien de la politique. Il demeura si bien sur ses gardes, et montra toujours tant de prudence au lieu de finesse, et tant d'intrépidité au lieu de bravoure, que ni les menaces de la France, ni celles des puissances coalisées ne purent l'entamer.

Aussi apprécié dans l'intérieur, il mourut en 1797 au milieu des regrets populaires. Une femme voyant passer son cercueil s'écria: " Âme pure! vas chercher enfin le repos dans le paradis, et que les bénédictions de toutes les épouses, de toutes les mères t'accompagnent éternellement.

Ceci est plus harmonieux que toutes les oraisons funèbres de FLÉCHIER.

NOTE TROISIÈME.

" Mais comme ses rivaux dont les petits ressorts

" Composent à l'envi le germanique corps. "

Ceci est une plaisanterie insignifiante. J'ai une véritable estime pour cet illustre corps et la plûpart de ses membres en particulier.

Les villes nommées Impériales et anséatiques sont très-connues par leur bonne foi, le meilleur ordre municipal et un excellent commerce. Elles me font en Allemagne l'effet des îles de l'Archipel dans la Méditerranée: le voyageur y repose ses yeux fatigués souvent de l'éclat des empires, et soulage son cœur affligé à la vue de leur politique toujours extérieure, et des apprêts de joie pour la paix toujours prochaine.

Hambourg et Francfort, par exemple, offrent plus de bon sens, de population, d'économie politique, et sur-tout d'argent qu'une demi-douzaine de villes soumises de la même grandeur.

Pour ce qui regarde les petites cours électives qu'il faut se hâter de peindre, elles se distinguent par beaucoup de dévotion pratique, d'accueil pour les pèlerins, de charités. Leurs sujets, sans cesse prêchés sur le travail et l'abstinence, sont très-industrieux et très-sobres. Ils ne connaissent pas la grosse chair et les appétits des villes libres; mais ils mènent une vie fraternelle, et un beaume d'espérance et de piété en amortit les peines. Enfin leurs occupations sont d'une austérité philosophique, et leurs passe-tems ressemblent à ceux du petit Jonas. En faut-il tant pour le plaisir et sur-tout pour la béatitude? Le bonheur est un: ce sont nos prismes seuls qui sont différens.

Les petites cours héréditaires sont de vrais autels du droit des gens. Elles le prêchent à tout événement public comme les autres prêchent le ciel à tous les pécheurs. Mais leur politique varie avec les circonstances. Tantôt elles se rapprochent de Vienne, tantôt de Berlin; tantôt accueillies, tantôt repoussées, elles rappelent les îles flottantes de l'océan et leur indécise attraction vers les terres fermes, hérissées d'écueils.

J'ai vu plusieurs de ces cours, et il ne faut pas les juger sur les manières du feu Landgrave de Hesse-Cassel et d'un autre prince. Je trouve qu'en général leur médiocrité même tourne au profit de leurs sujets. Le souverain les voit de plus près. Il peut causer avec eux sur leurs besoins réciproques. Sa présence n'enlaidit surement pas les traits de ses courtisans par la peur, ou par l'envie desordonnée de plaire; elle n'enfle pas leur vanité d'une espérance hyperbolique; et que gagneraient-ils à être, ou même à paraître bas?

Ses ministres ayant tous fait leurs études, ordinairement instruits, font plus de cas de leur bonne réputation que des graces du prince; et de leur ancienne noblesse, qui prouve au moins la valeur de leurs ancêtres, que de cordons et de plaques qui, s'ils prouvaient quelque chose, ce serait tant pis pour les porteurs.

Les savans de l'Allemagne ont trouvé le secret de se faire accueillir, et même quelquefois de se faire lire par les princes des cours ducales, ce qui leur donne une très-noble envie de mériter la confiance de leurs sujets. On peut en citer pour exemple les cours spirituelles et polies de Gotha et de Weimar.

Nommer ensuite le célèbre Duc de Brunswic, le Margrave de Badé-Dourlach, vrai philosophe pratique, le petit Souverain de Dessau, qui a mis la philantropie en monumens, c'est vraiment leur chercher des émules et des rivaux sur les plus grands trônes et même dans l'histoire.

S'il fallait rémonter dans le premier ordre, je trouverais bientôt le sage consommé sur le trône électoral de Saxe. Mais il faut me renfermer dans mon sujet et dire ce qui m'intéresse le plus dans la politique de l'Allemagne intérieure.

Dabord la passion de jouer un rôle influant, la fureur de faire trembler ses voisins, la frénésie des conquêtes, vu le pacte germanique, ne peut pas être attribuée à ces petits potentats; et plusieurs d'eux pourront dire avec raison, comme AGÉSILAS à celui qui nommait le roi de Perse le grand roi: Comment serait-il plus grand que moi s'il n'est pas plus juste!

De ce mot seul découlent toutes les obligations de la politique, de la morale, et du droit de gens qui est enfin chez eux la morale appliquée aux états indépendans, selon les idées honnêtes et si peu praticables ailleurs du fameux publiciste WOLFF.

Tout citoyen y apprend de bonne-heure que le gouvernement, confié à la sollicitude du chef, n'est autre chose que la force de la société, faite pour obliger tous ses membres à remplir les engagemens du pacte social, le seul qui ne soit pas écrit, le seul que les tyrans ne puissent déchirer en conséquence.

Le peuple même y considère le gouvernement comme la

raison publique, exprimée par la loi et représentée par le prince; et reconnue comme la seule chose qui procure aux hommes les avantages que leurs intérêts toujours discords, leurs désirs indiscrets, et leur faiblesse individuelle n'auraient jamais su obtenir par eux mêmes.

J'ai lu dans Plutarque qu'on ne peut bien gouverner sans justice; à plus forte raison les petits princes. Aussi n'ai-je jamais ouï parler, dans leurs états, d'un ministre prévaricateur se retirer tranquilement avec une bonne pension; d'un homme sans talens et sans lumières vieillir dans une place influente; d'un prêtre sans dignité; d'un délaboureur mendiant; d'un banqueroutier ennoblir sa race et ses fraudes; d'un gentilhomme supplanter les fermiers du prince, sangsues du peuple: enfin d'un prince de la maison sans courage.

On dirait que je dessine d'après l'antique. Mais en vérité pour gouverner de manière à rendre les hommes heureux, autant que possible, il ne faut nulle part un travail excessif, beaucoup de lumières, des talens merveilleux. Il suffit, comme STANISLAS en Lorraine et TITUS à Rome, d'avoir de la bonne volonté, de la vigilance, de la fermeté, de la droiture, d'être un homme de bien, et l'on sera facilement grand à la tête du peuple; et les fripons s'éloigneront d'eux-mêmes, et les insolens deviendront honnêtes, et les gens bas se dresseront sur leurs piés de derrière et feront les utilités; et si alors le mérite, le génie, l'exacte probité, les SULLY, les TURGOT, les BERENSDORFF paraissent, on les place au plus haut, on les honore; et si les méchans, titrés ou non, se montrent encore, on les pend.

Une

Une chose que les monarques ignorent apparemment, et dont plusieurs de ceux dont il s'agit semblent persuadés, c'est que toujours le peuple juge du caractère des souverains par les mœurs des ministres, et que c'est par eux qu'il les estime, les adore, les hait ou les méprise.

Je conçois qu'un chef d'état peut se tromper sur les talens d'un homme nouveau qui cherche à plaire, mais non pas sur son esprit et ses mœurs. Un avare, un fripon, un être plat et ridicule, un libertin, un dissipateur, un glorieux, un homme censé comme il faut, sans étude, sans politesse, sans entrailles, se connoissent parfaitement dans les cercles du grand monde. Il n'y aurait peut-être qu'à causer directement avec trois ou quatre maîtresses de maison sur tel ou tel individu, et si elles se trouvent d'accord, *sans s'en douter*, c'est un vrai faisceau de lumières, c'est le tact souverain en fait de morale et d'esprit.

Autrement on court risque de se méprendre à chaque citoyen que l'on place, et le peuple ne manque jamais de dire: tel maître, tel valet. Cette conclusion, fausse ou vraie, est d'autant plus terrible que le caractère du chef se compose, aux yeux de la multitude, d'autant de vices différens qu'il se trouve d'hommes mal choisis, et *vice-versa*. Voilà pourquoi L o u i s XIV a passé long-tems pour un grand homme, et ensuite pour un fanfaron, un brouillon. La plûpart des hommes sont bas, vains, faux, fourbes et cruels. Ils ne desirent le pouvoir et la grandeur que pour dire: respectez-moi, car j'ai le droit de vous anéantir. Ils ne rampent que pour écraser.

Au lieu que l'ambition d'un homme de cœur n'est qu'un desir

constant d'avoir la puissance de faire des heureux, et d'accuser le mérite; d'être le maître de soi par la modération, et des autres par l'obligeance; et tout son crédit sera de dédaigner d'être esclave, concussionnaire, intriguant, fourbe, fier.

De même, être un grand seigneur ce n'est pas se distinguer par des mots ambitieux, c'est d'avoir l'ame élevée, sans affectation, au-dessus du marchand qui ne voit que l'intérêt sordide; au-dessus du bourgeois qui n'apperçoit rien au-delà de sa famille, et qui tremble sur sa dépense; au-dessus du noble ignare qui traite la justice de toile d'araignée, vit d'industrie et de fatuité à compte de ses sauvages ancêtres, et n'estime le sang d'Hector que parce qu'il en est la lie.

Être libre, puisqu'on en parle tant aujourd'hui, ce n'est pas être exaspéré, volontaire, éloquent d'invectives. C'est de ne craindre personne; c'est de consentir à soulever gaîment l'anneau de fer de la chaîne publique et générale; c'est de dépendre uniquement des lois, non parce qu'elles sont bonnes et les meilleures, *car c'est chose infinie*; mais par la seule raison qu'elles sont lois.

Enfin, être bien élevé, ou bien élevée, ce n'est pas avoir appris plusieurs langues, c'est en savoir une bien; c'est d'avoir la bassesse en horreur; c'est d'esquiver le ridicule, c'est d'attacher le procédé au bout du sentiment; c'est de parler avec grace, écrire avec goût, se taire avec esprit, avec douceur; c'est de commencer toujours à prendre le ton de la société, et de le lui donner ensuite sans que les sots et les folles se doutent du rendu. C'est enfin de respecter ce qui est délicat par géné-

rosité, et ce qui est fort par estime, et de rendre en conséquence hommage au sexe opposé par un amour éclairé de soi-
même.

Je ne puis m'empêcher de remarquer à ce sujet que ce qui
me plaît davantage dans la plûpart des cours ducales, c'est l'éducation, au moins politique, que l'on donne aux princesses
de la maison; et quand elles y joignent l'esprit et les graces de
la nature, c'est presque du beau idéal.

On pourrait me soupçonner ici de flatterie; mais, en vérité,
il ne serait pas juste qu'une crainte imaginaire étouffât la per-
suasion et le sentiment. Voyez la princesse de Bade, petite-
fille du philosophe de ce nom, monter avec son époux sur le
plus grand trône de l'Europe. Elle n'en a pas été étonnée un
seul instant. La plus grande politesse avec le sentiment de sa
dignité; une aménité inaltérable avec un caractère très-vif;
l'esprit dans les yeux; le cœur sur les lèvres; d'une grace infinie; modeste à l'excès; instruite, studieuse; ayant de quoi se
plaire dans la société des gens de lettres même; distinguant, ce
qui est plus rare qu'on ne le pense, les louanges odaïques qu'elle
peut partager avec tout ce qui est sur la cime, d'avec les
louanges délicates du sentiment; montrant par-tout une prudence
achevée, et qui est incompatible, en apparence, avec l'âge
d'Hébé, la ceinture de Vénus, toutes les phases de la beauté.
Elle ne se souvient du rang où elle est parvenue, que pour
tendre une main charmante à la reconnaissance.

Son ayeule maternelle, princesse de Darmstadt, alliait à
beaucoup d'esprit et de politesse un caractère très-ferme,

Frédéric second disait à sa mort, que son épitaphe était faite: *ci-git un grand homme.*

Madame la princesse de Wirtemberg-Montbelliard avait encore par-dessus un tact moral si fin, et une horreur pour la bassesse si forte, si prononcée, que je n'ai jamais rien vu de pareil. Il manquait certainement à son ambition un trône, et à son cœur un plus grand nombre d'heureux de sa main. Elle me disait un jour: il faut avouer que votre impératrice Catherine n'a pas d'égale pour la grace, l'imagination, l'ambition — J'en ai été persuadé jusqu'à cette heure, lui répondis-je, et j'entredisais la pure vérité.

Nommer l'impératrice Marie, sa fille, c'est se représenter le spectacle de toutes les vertus réunies sous le jour le plus doux et le plus consolant, et réunies distinctement sur le trône où le peuple ne voit pour l'ordinaire qu'un éclat éblouissant. Un poëte pourrait facilement embellir cette vérité par une image, en disant que c'est le soleil à midi, qui retient son haleine, et regarde, à travers un nuage, les moissons qu'il a dorées, et les fleurs qui s'empressent de naître à son ombre hospitalière.

En effet, tous les monumens de piété, en Russie, la plûpart de sa fondation, se trouvent sous sa tutelle, tels que: les instituts des sages-femmes; les lombards; les enfans-trouvés; les superbes ateliers d'Alexandrovsky pour achever et fixer leur éducation; les élégans instituts de Marie et de Sainte-Catherine; la belle et magnifique communauté de Smolna, ou le Prytanée du beau-sexe de toutes les conditions, etc.

Alen Smith, fameux voyageur américain, n'a pu se lasser d'admirer en elle les inspirations de l'esprit saint, et tous ses titres éternels à la reconnaissance nationale.

Son zèle, à ce sujet, n'a véritablement d'autre mesure que son ame expansive; on dirait qu'elle rêve le bienfait; et que foulant à ses pieds sacrés les idoles de l'orgueil et de la cupidité, elle s'ouvre un chemin inconnu du trône le plus brillant à l'autel de tous les sacrifices.

Et si l'on peut comparer la régularité de ses mœurs antiques à celle de sa rare et majestueuse beauté, il faut avouer que son urbanité ne peut l'être à rien : c'est l'auréole de la vertu, le parfum de la bonne action.

La nation russe, aussi naturellement spirituelle que la nation italienne, et aussi polie, depuis Catherine II, qu'aucune autre, se trouve encore, assez souvent, dans le cas de douter si l'étude des lettres et des sciences, portée à une certaine perfection, ne déroge point, et si ce n'est pas une sorte de rébellion contre l'autorité des parens. En conséquence, peu de personnes ont été à même d'apprécier, comme il faut, les connaissances variées de l'impératrice Marie. Son ardeur de savoir embrasse tout ; et si tant d'aptitude ne produit qu'une érudition très-partagée, et ne peut faire une réputation singulière comme celle d'un savant, elle est au moins beaucoup plus propre à étendre l'esprit dans tous les sens, et à l'éclairer de tous les côtés ; ce qui seul achève de former les véritables hommes d'état, dont le fonds, comme disait Marie-Thérèse, est la force du caractère et le tact moral.

C'est encore une princesse de Zerbst qui a le plus illustré le trône de Russie après PIERRE I, qui ne souffre cependant aucune comparaison foncière.

Un grand amour pour l'étude et pour toutes les espèces de gloire réduites au bien de ses sujets, en fut le seul et unique véhicule au commencement du règne.

Je ne parle point ici avec les courtisans intéressés, ou par hazard, rassassiés par elle, ni avec la plûpart des poëtes inconsidérés, menteurs hydropiques des plus sottes louanges ; mais il est vrai de dire que la moitié de son règne avait une lumière de magie vraiment singulière, une transcendance de vigueur et d'aménité vraiment admirable, et même inouie en Russie, partout ailleurs, dans tous les tems.

Cette vigueur et cette aménité continuées ; un tact moral moins usé dans le choix des hommes en place ; une estime mieux sentie ou plus franche pour les gens d'esprit, et sur-tout pour les honnêtes gens ; des faiblesses aimables prononcées moins haut, moins fréquemment ; des dettes moins inutiles, moins désastreuses ; des sujetions sur-tout moins absolues, malgré le noble orgueil de son ame ; des guerres moins fréquentes, moins cruelles, moins hyperboliques ; moins d'envie de mettre en pratique ce fameux début d'un manifeste de LOUIS XV, qui peut-être a servi de l'aube insensible à la révolution française toute d'impatience et de lumières surabondantes en philosophie : *Les rois ne sont comptables de leurs démarches qu'à Dieu même dont ils tiennent leur autorité ;* et finalement, moins d'attention erronée d'abord, dépitante après, au spectacle effrayant de cette révolution, auraient rendu sans doute le dénouement de son règne plus digne de son exposition, plus digne de son cœur né doux-aimant, sensible; plus digne de ses superbes projets de lois restés en l'air; plus digne de son génie, comme on l'avait nommé, qui était un tissu de bon sens, de bonne volonté et d'ima, gination très-mobile et très-effervescente; plus digne même de cet extérieur influant beaucoup dans l'art ostensible de régner, et qui était composé chez elle de graces artificielles et de dignité théatrale, de politesse, de générosité et d'obligeance presque naturelles : ensuite du plus charmant sourire, du plus doux son de voix, des plus beaux yeux couleur de ciel, des plus belles mains de la nature, et d'un accueil, quand elle voulait, tout magique, absolument d'une fée bienfaisante, et elle le voulait souvent, avant son desir satisfait de séduire, avant sa profonde satiété du pouvoir arbitraire et fantastique, avant l'ère de son apothéose forcée.